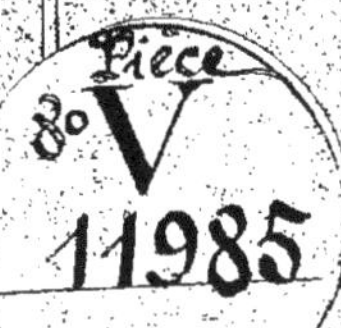

INSTITUTION

DES

PALAIS DE FAMILLE

SOLUTION DE CE GRAND PROBLÈME :

Le Confortable de la Vie à bon marché pour tous.

DEUXIÈME ÉDITION.

PARIS

IMPRIMERIE CENTRALE DES CHEMINS DE FER DE NAPOLÉON CHAIX ET Cie

RUE BERGÈRE, 20, PRÈS DU BOULEVARD MONTMARTRE

1855

INSTITUTION

DES

PALAIS DE FAMILLE

SOLUTION DE CE GRAND PROBLÈME :

Le Confortable de la Vie à bon marché pour tous.

(Par Victor Calland et Albert Lenoir)

DEUXIÈME ÉDITION.

PARIS
IMPRIMERIE CENTRALE DES CHEMINS DE FER DE NAPOLÉON CHAIX ET Ce
RUE BERGÈRE, 20, PRÈS DU BOULEVARD MONTMARTRE.
1855

PROPRIÉTÉ ARTISTIQUE.

JUGEMENT DU TRIBUNAL CIVIL DE LA SEINE.

« Attendu que les dispositions de la loi des 19-24 juillet 1793 sont générales, absolues et s'appliquent à tous les objets du domaine de l'art ;

» Que l'œuvre d'un architecte peut et doit dans certains cas, à raison de l'élévation de la pensée qui a présidé à sa conception et du mérite de son exécution, être considérée comme une œuvre d'art :

» A ce titre, l'architecte qui l'a produite est fondé à revendiquer les avantages accordés à tous les artistes par la loi de 1793.

» Ces avantages sont la consécration d'un double droit qui appartient à l'artiste : droit principal à la propriété de la chose, droit accessoire à la reproduction de cette chose même. »

(Audience du 20 Avril 1855.) — Présidence de M. DEBELLEYME.

INTRODUCTION

Au moment où le prix des loyers s'élève dans tout Paris avec une exagération qui écrase les marchands, et contraint un grand nombre de rentiers à chercher un refuge vers les barrières; au moment où l'augmentation des charges publiques, le luxe croissant dans la société et la cherté des vivres ruinent les petits ménages et minent sourdement les plus brillantes fortunes, il n'est pas sans intérêt de faire connaître une *institution* éminemment favorable au bien public, qui, sous le nom de *Palais de Famille,* va, comme l'aurore d'un nouveau jour, se manifester dans les faits.

La même réforme économique, dit M. Émile de Girardin, qui, par l'association, s'est accomplie dans les voies de communication et de transport, doit se réaliser prochainement dans les habitations humaines...... Cette réforme est inévitable, elle contient toute une révolution.

Nous sommes, — ajoute un des plus savants rédacteurs de la presse parisienne, — nous sommes pour le moment locataires d'une Société en reconstruction. En vue de destinées meilleures, un nouveau monde s'organise; des moyens gigantesques sont mis à notre disposition; toutes les forces de la nature nous sont livrées; des esclaves travaillent non plus pour une caste inutile et orgueilleuse, mais pour le genre humain tout entier, appelé à des fonctions patriciennes.

Le sol est refait; de nouvelles populations végétales et animales, empruntées à toutes les latitudes, viennent s'y implanter; de prodigieux moyens de circulation et de correspondance sont créés; l'atelier agricole et l'atelier industriel sont reconstitués; — enfin, par la création d'un *nouveau type architectonique*, la vie domestique va subir une révolution égale et parallèle à celle qui s'est opérée dans nos moyens de production, de circulation et de correspondance (*l'Ami des Sciences*, 8 *avril* 1855).

Le type architectonique dont parle ici M. Victor Meunier, c'est le *Palais de Famille* dont il a rendu compte dans le journal *la Presse* (voir les numéros des 26 octobre, 23 novembre et 7 décembre).

Qu'est-ce donc que le Palais de famille?

Le Palais de famille, est un plan d'unité sociale, fondé sur la liberté individuelle, appliqué aux besoins de la vie domestique et manifesté par une nouvelle forme d'architecture, réalisable en tous lieux.

Réunir sur un point donné une centaine de ménages au moins; les grouper dans un vaste monument harmonieusement disposé, afin que chacun puisse y jouir de toute sa liberté d'existence; les amener à combiner avec intelligence leurs forces, leurs dépenses et même leurs plaisirs de société, et par là en quintupler nécessairement la somme; enfin, les faire passer de l'état d'isolement et d'antagonisme à celui de rapprochement, de solidarité et d'association : tel est le but fondamental de cette conception.

Un seul de ces établissements réalisé, un seul fonctionnant selon l'ordre d'idées qui doit lui donner naissance, le problème de la vie domestique est résolu, et celui de l'humanité compris dans son ensemble ; — car qui peut prévoir l'immense révolution que cette conception si simple, mais si féconde dans ses résultats, peut amener dans les conditions actuelles de la sociabilité humaine ?

Alors nous saurons donc, — dit un publiciste, ravi par cette admirable découverte, — nous allons savoir enfin si l'homme est condamné à tourner sans terme dans un cercle d'égoïsme, d'impuissance et de misère, ou s'il lui est donné d'opérer sa rédemption sociale au moyen du travail, de la science et d'une association sagement conçue.

Le résultat des Palais de famille devant être l'organisation d'une grande vie de château, la diminution de tous les frais de la vie, la suppression des loyers, en rendant chacun propriétaire de son appartement, et ainsi d'offrir à tous ceux qui ne possèdent qu'une minime aisance la même somme de jouissances et de bien-être qu'à ceux qui possèdent une très-brillante fortune, — cette institution intéresse particulièrement quatre sortes de personnes : les *propriétaires* de terrains, les *locataires*, les *consommateurs* et les *capitalistes*.

1° Les propriétaires de domaines ou de terrains bien situés, soit dans les villes, soit près des chemins de fer, en leur offrant le moyen certain d'accroître et de réaliser rapidement la valeur de leurs propriétés, sans en détruire ni le nom, ni la forme, ni aucune des beautés pittoresques, ni même les souvenirs historiques.

2° La classe nombreuse des locataires, dont elle améliorera nécessairement la situation, en convertissant leurs loyers improductifs en achat régulier et paiements successifs d'un appartement, dont ils deviendront exclusivement propriétaires, pouvant le céder, le vendre ou le transmettre à leurs héritiers.

3° Les commerçants, employés, rentiers, femmes veuves et militaires en retraite, les ouvriers eux-mêmes qui désirent diminuer leurs dépenses journalières en augmentant toutes leurs jouissances sociales.

4° Enfin, elle intéresse à un haut degré les capitalistes spéculateurs, dont les fonds, représentés dans l'opération par des immeubles, achetés en gros et revendus en détail, produiront des bénéfices positifs et immédiats, très-supérieurs à tout autre placement hypothécaire, ainsi qu'il sera démontré aux personnes qui croiraient devoir en faire un examen approfondi.

L'idée des Palais de famille a été conçue en 1832, par M. Victor Calland, ancien élève de l'École royale d'architecture de Paris, propriétaire à Beau-Site, près Jouarre (Seine-et-Marne). Cette idée, élevée à l'état de conception pratique, a dominé toute sa vie. Pour en résoudre le difficile problème, il a passé vingt années de son existence à méditer à la fois toutes les sciences physiques et morales. Il a donc dû nécessairement étudier à fond les essais nombreux d'association humaine qui ont été tentés depuis le commencement du monde : histoire précieuse, mais inconnue qu'il a été obligé d'élucider lui-même pour arriver à la découverte du véritable type social, c'est-à-dire du type conforme à l'organisation humaine, conforme aux lois de la création, et à la pensée éternelle de Dieu, seule véritable base de toutes les sciences.

Jusqu'à la découverte de ce nouveau type d'habitation humaine, deux systèmes de vie seulement ont été réalisés parmi les hommes : la *vie individualiste* et la *vie communiste;* toutes deux radicalement opposées.

L'une, représentée par la chaumière et le château, indépendante, libre d'elle-même, maîtresse de sa propre fortune et de sa famille; mais, en réalité, abandonnée à ses seules forces, et par là affaiblie, constamment agitée et écrasée dans le mouvement social.

L'autre forme de vie, représentée par le couvent et la caserne, mieux ordonnée, beaucoup plus puissante, plus durable, plus économique; mais exclusive de la famille, de la propriété individuelle, et exigeant de toute personnalité humaine le plus complet sacrifice de sa liberté.

L'imperfection trop visible de ces deux modes d'existence n'a pas échappé aux penseurs, et de nombreuses tentatives d'association ont eu lieu chez tous les peuples et dans tous les siècles : — philosophes, législateurs, conquérants, poëtes, tous ont abordé à leur manière la solution du problème social.

Qui ne connaît les pensées ou les travaux de ces hommes immenses par le génie : — Orphée, Minos, Pythagore, Lycurgue, Platon, au sein de l'antiquité païenne; — les écrits des prophètes et les réunions des Thérapeutes et des Esséniens, au milieu de la nation juive; — les constitutions monastiques des Pères de l'Église catholique: Augustin, Benoît, Vincent de Paul; — les institutions économiques des Hussites et des frères Moraves, chez les protestants; — et tous les plans sublimes de ces grands réformateurs : Thomas Morus, Campanella, Morelli, Saint-Simon, Charles Fourier, le plus étonnant génie des temps modernes!

Eh bien, aucun de ces hommes n'a pu échapper à ce vice fatal et destructeur de toute liberté humaine : *le Communisme!* — Que leur a-t-il donc manqué pour résoudre le véritable problème de l'association, surtout dans son application aux besoins de la vie domestique! —une science indispensable, qui est la forme matérielle, concrète et durable de la pensée : *l'architecture*.

Comprendre l'homme, trouver une forme sociale correspondant à sa nature, facilement réalisable en tous pays, applicable à toutes les classes de la société, n'ayant besoin pour subsister d'aucuns secours des gouvernements, réunissant dans son admirable synthèse toutes les forces vivantes de l'individu, sa liberté, sa famille, sa propriété, avec l'immense économie et toute la force durable de la communauté, sans exigence inutile, sans contrainte despotique, sans confusion et sans désordre : telle fut la grandeur du problème posé devant le fondateur des Palais de famille et résolu par son travail.

Dans une lettre qu'il écrivait, en 1846, à S. M. Louis-Philippe, alors roi des Français..., il lui disait :

« Sire, je n'ai donné à mon œuvre que des élé-
» ments de sociabilité déjà connus, depuis longtemps
» éprouvés et acceptés par les mœurs chrétiennes.
» Fondant dans une immense unité architectoni-
» que, administrative et sociale, trois formes d'as-
» sociation, jusqu'ici séparées, mais non opposées :
» *le couvent, le cercle et l'hôtellerie*, je suis parvenu à
» produire un ensemble de vie plein d'équilibre et de
» mouvement, un grand établissement public, auquel
» j'ai donné le nom de Palais de Famille. Pour la con-
» ception de ce projet, Sire, le couvent m'a offert l'i-
» dée de la grandeur et de l'ordre; le cercle, l'image
» du confortable et du bien-être; l'hôtellerie, le spec-
» tacle du mouvement et de la liberté dans l'existence.
» Ainsi, par l'un, j'ai pu rattacher mon œuvre au
» passé et à ses religieux souvenirs; par l'autre, au

» présent et à l'utilité de ses richesses; par le troi-
» sième enfin, à un mode d'existence nécessaire chez
» tous les peuples : car partout l'homme passe comme
» un être fugitif qui cherche une destinée meilleure.

» Le but de cette institution est d'améliorer d'a-
» bord le sort d'une classe nombreuse, honorable,
» mais souffrante dans la société actuelle : celle des
» *petits rentiers*, écrasés, dans l'isolement où ils sub-
» sistent, par le char puissant de la civilisation, qui,
» d'un côté, les élève en leur offrant l'éducation, les
» emplois et les honneurs, et qui, de l'autre, les
» abaisse par la division incessante des propriétés et
» les besoins toujours croissants d'un luxe ruineux.

» Trois millions de bourgeois vivent en France,
» comme rentiers ou propriétaires, dans une gêne
» voisine de l'indigence, dans un pénible abandon,
» dans une sollicitude continuelle et accablante pour
» un très-grand nombre, qui vivraient certainement
» à l'aise, sous la forme protectrice d'une association
» sage, alliant avec intelligence l'ordre à la liberté et
» le bien-être à l'économie.

» Quel bienfait ne serait-ce pas, en effet, pour le
» prêtre âgé ou infirme, pour l'employé en retraite,
» pour le militaire au repos, pour le négociant retiré
» des affaires avec de modestes revenus; pour les
» pères et les mères de famille, ayant établi leurs der-
» niers enfants et condamnés à la solitude; pour les
» femmes veuves, sans cesse exposées aux piéges du
» monde; pour la fille âgée, sans appui moral dans la
» société; pour l'orpheline à marier, pour le céliba-
» taire tranquille, pour les vieillards délaissés ou
» tourmentés par leurs héritiers ; pour les convales-
» cents, auxquels un doux loisir est si nécessaire; pour

» les étrangers, toujours trompés dans leurs dépenses; » pour les voyageurs qui cherchent une oasis; pour » tous ceux enfin qui, aimant la paix, le bien-être et » la liberté, désirent ne plus s'occuper eux-mêmes des » soins monotones, fatigants et toujours dispendieux » du ménage individuel; quel bienfait, dis-je, qu'un » établissement simple, vaste, admirable par son » unité, par son ordre, par la moralité de sa destina- » tion, conçu et organisé de telle sorte qu'il puisse » toujours répondre à tous les besoins, à tous les goûts » permis, aux habitudes même, si variées dans la » nature, sans que jamais le mouvement des plaisirs » ou des affaires puisse y rompre l'ordre moral, né- » cessaire à toute société humaine!

» Le prix le moins élevé de la pension, pour ceux » qui voudraient y vivre très-simplement et d'une ma- » nière fixe, pourrait être, selon les localités, de 6 à » 1,200 francs; — néanmoins, il serait toujours facile à » qui le désirerait, de dépenser librement de très- » grands revenus dans la maison; — rien de ce qui con- » stitue les jouissances d'un luxe permis n'étant étran- » ger à son régime, tout au contraire ayant été orga- » nisé pour satisfaire les habitudes les plus variées » d'une honorable existence. D'ailleurs, un tarif, arrêté » chaque année par l'administration et connu de tous, » réglerait pour chacun le prix de ses dépenses quoti- » diennes, selon ses goûts du moment, selon sa for- » tune et sa volonté. — *Une banque d'épargnes, une* » *agence d'affaires et une assurance sur la vie* complé- » teraient l'ensemble des avantages qu'offrirait aux » petits rentiers cet établissement, premier type d'une » association plus vaste encore, et qui sera un jour » fondée : — celle des travailleurs, — quand le pro- » blème de l'organisation du travail aura été résolu,

» non d'après les rêveries dangereuses de quelques » socialistes impies, mais par l'esprit vivifiant de la » charité chrétienne, cette loi immortelle du monde » moral.

. . . .

» Sire, qu'il me soit permis de dire ici à Votre Ma- » jesté toute ma pensée : *des révolutions nouvelles s'avan-* » *cent*, enfantées et poussées sans cesse par cet esprit » mystérieux qui porte les peuples à conquérir la vie » dans toute sa puissance. Le seul moyen de résister » à ce torrent impétueux, c'est de lui creuser un lit » profond, qui en fasse un fleuve calme et bienfaisant » et non plus un fléau dévastateur ; c'est d'avancer » plus vite que lui vers le but qu'il doit atteindre, c'est » de faire le bien, en un mot, avec bonté, avec » amour : car telle est la volonté absolue du Créateur : » *que son règne arrive sur la terre comme au ciel*, c'est- » à-dire que l'ordre admirable qu'il a établi dans l'uni- » vers soit aussi l'ordre qui donne la paix au monde ter- » restre. »

Un plan complet d'architecture, fruit de longues études, accompagnait cette pétition. — Il est inutile de déclarer ici que l'institution des Palais de famille fut méconnue et repoussée par le gouvernement de Louis-Philippe... Hélas ! la révolution qui, bientôt après, éclata sur lui, le renversant avec toute sa race, annonça solennellement au monde que le moment était arrivé de résoudre le problème du bien social, sous peine des commotions les plus terribles.

Une seule pensée, en effet, préoccupe en ce temps toutes les classes de la société : *la possession du bien-être*.—Ce mot est au fond de tous les désirs, il est écrit dans toutes les âmes, il sort involontairement de toutes les bouches...., et cependant la misère s'accroît de plus en plus dans les masses, un vieux monde périt, ses institutions s'écroulent, mais le nouveau monde n'est point créé : de là l'attente, l'inquiétude et les agitations générales.

En 1848 le projet des *Palais de famille* fut proposé également au gouvernement républicain, qui, absorbé à son tour par des intérêts de coterie et des divisions dangereuses, oublia cette institution d'avenir populaire.....

Ce fut après avoir sollicité et vainement attendu l'initiative gouvernementale, que le fondateur des Palais de famille se résolut enfin à chercher la réalisation de son œuvre dans ses propres forces, et en s'adressant directement aux intérêts nombreux qu'elle favorise.

Toutefois, pour arriver à ce but, une chose première était à faire : l'éducation du public sur la valeur de cette grande institution. Ce travail a été fait en adressant un certain nombre de prospectus à la foule intelligente, qui en accueillit l'idée fondamentale avec reconnaissance.... La seconde partie de ce travail était de réunir les capitaux nécessaires à l'entreprise. Dans ce but, une Société financière a été légalement formée le 4 octobre 1854, par acte passé devant Me Beaufeu, notaire à Paris, sous le titre de : *Société fondatrice des Palais de famille;* son capital fut fixé à 10 millions de francs, divisé en 20,000 actions de 500 francs chacune, représentées par des immeubles. Cette Société est restée sans constitution définitive jusqu'à ce jour.

Dans l'état présent des esprits et l'incertitude des choses, en présence surtout de l'étrange abus qui a été fait du droit d'annoncer, d'émettre et de livrer sans contrôle à la foule un nombre infini d'actions créées par la commandite, M. Victor Calland crut plus convenable—au moins pour le moment—de rester dans le silence, et de tenter, avec le secours de ses amis, la réalisation d'un premier type, qui pût servir de base au jugement public, et de fondement solide à une vaste opération financière... Cette détermination explique le retard que cette entreprise a subi jusqu'à ce jour ; retard qui ne fut pas perdu pour l'œuvre, car le temps alors fut plus que jamais employé à élaborer profondément dans son ensemble et ses détails le projet des Palais de famille.

Il est nécessaire de parler ici d'un homme éminent, comme architecte et comme savant, que M. Victor Calland associa à cette œuvre : M. Albert Lenoir, un de ses anciens amis, architecte du gouvernement, fondateur du Musée de Cluny, et membre du Jury d'examen de l'Exposition universelle. Depuis 1853, M. Albert Lenoir n'a cessé d'étudier le plan de fondation des Palais de famille ; il en a calculé lui-même les devis, et il doit en diriger l'édification ; — car lui aussi il veut attacher son nom honorable à cette institution précieuse, qui doit compléter ses belles études sur *l'Histoire de l'architecture chrétienne en Orient et en Occident* (ouvrage édité avec luxe par le ministère de l'instruction publique). — M. Albert Lenoir est le fils de M. Alexandre Lenoir, conservateur des monuments publics de la France pendant la tourmente révolutionnaire. Tout le monde sait les immenses services que cet homme de bien a rendus aux arts : son nom est historique.

La pensée première du fondateur des Palais de famille avait été de réaliser le premier établissement de ce genre sur son propre domaine, à Beau-Site, près Jouarre (Seine-et-Marne); situation pittoresque, entre deux petites villes qui se touchent, à mi-côte, en vue des charmantes vallées de la Marne et du Petit-Morin, et à une heure et demie seulement de Paris, par le chemin de fer de l'Est.

Cette propriété champêtre apportée à la Société civile du palais, en échange de titres d'appartements formant une valeur égale au prix de vente, facilitait singulièrement l'action financière, dégrévée alors de l'achat en espèces du terrain à bâtir, base fondamentale de l'opération.

Venu à Paris dans cette intention, le fondateur ne fut pas longtemps à s'apercevoir combien son œuvre répondait à un besoin général, et quelle immense valeur elle acquérait dans la capitale comme entreprise immobilière, par l'introduction de ce nouveau principe en économie domestique : *la conversion du loyer en propriété*, — principe si rapidement compris par toutes les classes de la société parisienne.

Force lui fut donc d'ajourner la création du palais Beau-Site, et de tenter l'édification d'un palais au sein de cette capitale du monde : foyer d'intelligence, d'activité et de vie, d'où tout rayonne et où chaque idée nouvelle doit venir recevoir son expression parfaite et sa sanction impérissable.

Une étude spéciale fut alors entreprise sur la situation et la valeur de tous les terrains de Paris ; c'est de cet examen pratique, non moins que des demandes reitérées de la population, que résulta, pour cette création, le choix d'un terrain près des Champs-Élysées, où la foule, comme les flots d'une mer sans cesse grossissante, se porte de plus en plus.

Cet examen conduisit aussi les fondateurs à comprendre combien l'achat d'un sol bien placé pouvait augmenter les chances favorables de l'opération, sous le rapport financier, par la revente avec *plus value* des terrains attenants aux jardins et environnant le palais : opération fort simple, sans doute, mais brillante d'avenir, lorsque la création des Palais de famille se réalisera au milieu des grands domaines agricoles acquis par l'entreprise.

Car, qui l'ignore ? faute de capitaux, le sol productif est partout en état de détresse, — 13 milliards d'hypothèques pèsent en France sur la propriété territoriale, et cette somme s'accroît chaque année de plus de 500 millions. Aussi les campagnes, livrées à la misère ou à la barbarie, sont-elles abandonnées pour le luxe des villes et le confort de la civilisation.

Le moyen de délivrer le sol de l'usure qui le ronge, c'est de *capitaliser la terre*. Les grands propriétaires peuvent accomplir ce miracle de puissance, par leur seule volonté et sans avoir recours à l'intervention de l'État. — Le moyen de doubler la valeur de leurs terres, c'est d'y appliquer avec intelligence toutes les forces de *l'association humaine*..... Leur avenir et le bien de la Société sont donc entre leurs mains.

Acquérir de grands domaines en mobilisant leurs valeurs et en les rendant négociables ; — découvrir leurs richesses naturelles par l'étude et les efforts de la science ; — favoriser le développement industriel du sol par des travaux préparatoires de routes, aménagements, drainage, etc. ; — établir au centre de ces domaines un foyer de vie, une cité nouvelle, *un palais sociétaire*, enfin, pourvu de tout ce qui rend l'existence agréable, puissante et économique ; — élever tous les habitants de cette cité modèle, et même tous les travailleurs du domaine à l'état de propriétaires, au moyen de paiements par annuités, amortissant progressivement le capital de leur acquisition en terres, appartements, usines, etc. : — tel est, dans son ensemble le projet que la Société fondatrice des Palais de famille se propose de réaliser et qu'elle offre à tous ceux qui désirent, au moyen d'une sage et bienveillante association, améliorer leur situation sociale. — Travailleurs, rentiers, propriétaires, capitalistes sont donc, ainsi que nous l'avons dit, intéressés à l'exécution de cette vaste entreprise.

Voici, au reste, les avantages généraux d'ordre et de prospérité publique qui découlent de la création des Palais de famille, principalement au centre des domaines ruraux, où ils peuvent constituer de nouvelles communes ; nous en livrons l'exposition sommaire aux méditations des hommes pratiques, capables de comprendre toute la valeur réalisable d'une grande idée.

1° Nouveau système de colonisation civile, applicable en tous lieux et à tous les pays ;

2° Complément des chemins de fer sous le rapport social ;

3° Décentralisation des villes industrielles ;

4° Civilisation et repeuplement des campagnes ;

5° Conservation naturelle des grands domaines agricoles ;

6° Progression ascendante du prix des terres ;

7° Amélioration rapide de l'agriculture ;

8° Transformation des loyers en propriété d'appartement et des fermages en propriété rurale, au moyen de paiement par annuités ;

9° Assainissement des habitations urbaines et champêtres ;

10° Perfectionnement de l'industrie domestique ;

11° Affranchissement pour la femme de tous les soins du ménage ;

12° Instruction maternelle et éducation hygiénique des enfants ;

13° Élévation de la domesticité à l'état de fonction administrative ;

14° Union et moralité des classes sociales ;

15° Achat, conservation et préparation en grand de toutes les substances alimentaires ;

16° Diminution de plus de moitié sur les frais généraux de l'existence ;

17° Organisation des secours mutuels, et par suite gratuité de la médecine et de la pharmacie ;

18° Extinction du paupérisme par l'épargne immobilière ;

19° Liberté individuelle, développée et conservée par l'ordre intérieur, basé sur le droit d'élection sociétaire ;

20° Luxe collectif et augmentation de tous les avantages de société ;

21° Perception facile et inaperçue des impôts, ainsi que de toute espèce d'assurances ;

22° Placement de capitaux sur valeur immobilière, avec gage hypothécaire et bénéfices industriels, c'est-à-dire à plus de 20 et 30 0/0 assurés ;

23° Création du véritable crédit foncier par la transmission des titres de propriété individuelle, sous la forme de billet à ordre portant intérêt ;

24° Développement immense de l'architecture, par son application au bien général ;

25° Travaux de construction et emploi d'ouvriers pour plus d'un siècle.

En un mot, *rénovation sociale* par le travail utile, et *fin des révolutions* par le bien-être universel : tel est le résultat précieux de cette grande *institution,* émanée de l'esprit chrétien, uni au génie des sciences exactes, et appliquée au besoin des peuples modernes.

Certes, la terre est féconde ; au sein de ses entrailles se cachent des richesses incalculables, qui pourraient, si elle était bien cultivée, nourrir dans l'abondance dix fois autant d'habitants qu'elle en contient. Ce n'est donc ni le sol, ni l'eau, ni les germes, ni le soleil, ni les bras qui manquent au bien-être de l'homme... Qu'est-ce donc ? — *L'association de ses forces :* voilà ce qui fait défaut surtout à l'agriculture, et ce que doit enfanter l'institution des Palais de famille, partout où l'on saura les placer dans un milieu favorable.

De nombreux essais de colonisation agricole ont été tentés, et presque partout la ruine a suivi ces tentatives ; parce que les colons se trouvaient sans assistance fraternelle et sans unité administrative ; parce qu'aucun centre social n'était préparé pour les recevoir, et leur offrir, en échange de leurs durs travaux, les plus indispensables bienfaits de la civilisation.

En opposition à ce qui a été fait jusqu'ici, appliquons à la conquête de l'Algérie, par exemple, appliquons à ce sol si fécond, l'institution des Palais de famille ; faisons de ces centres animés, laborieux, des forteresses reliées par des chemins de fer et des lignes télégraphiques... : et nous aurons créé une ceinture de vie beaucoup plus puissante que toutes les armées ; car nous aurons quintuplé la valeur du sol, et civilisé le désert.

Nous pourrions plus longuement développer cette théorie, montrer de nouveaux aperçus et faire voir comment le peuple un jour deviendra propriétaire, non-seulement de son logement de famille, mais du sol lui-même, au moyen de son travail centuplé par la science; — mais il est temps de quitter la sphère élevée des considérations générales, pour entrer dans l'exposition pratique du premier spécimen des Palais de famille.

PALAIS DE L'ÉTOILE

Une Société civile de copropriétaires est formée pour réaliser, sous la dénomination légale de *Palais de l'Étoile*, l'édification d'un Palais de famille, près de l'avenue de l'Impératrice, à Paris.

Cette Société civile est constituée au capital de 1,760,000 fr., divisé en 160 titres de propriété distincts, nominatifs, représentant 160 appartements de maîtres, avec tous les avantages de confort, de luxe, d'agrément et de société qui y sont attachés.

Le capital social est destiné :

1° A l'achat du terrain de construction ;

2° A l'édification du Palais de famille ;

3° A l'aménagement et ameublement de tous les salons et établissements de société;

4° A la création d'un capital de roulement et d'un fonds de réserve.

La valeur des titres immobiliers est de 5,000 à 16,000 fr., selon la situation et la grandeur des appartements choisis par le titulaire. On peut les acquérir selon ces divers modes de paiement :

En 10 annuités, les 2 premières en souscrivant, et les autres d'année en année, avec intérêt du capital décroissant, à 5 0/0 par an, à partir de la mise en possession de l'appartement ;

Ou en 5 annuités, la 1re en souscrivant, et les autres d'année en année, avec intérêt à 3 0/0 l'an, à partir également de la mise en possession ;

Enfin, au comptant : — dans ce cas une prime de 10 0/0 est accordée au capital versé, ainsi qu'un intérêt de 5 0/0 jusqu'à la mise en possession ; car alors les souscripteurs sont considérés comme capitalistes-fondateurs, et participent aux avantages de l'opération : la plus entière garantie est donnée à ces versements anticipés.

Dès que la moitié des titres de propriété sera souscrite, la Société sera constituée définitivement et les travaux de construction commenceront ; jusque-là les fonds, déposés au Comptoir national d'escompte, ou chez un notaire, au gré du souscripteur, resteront intacts.

Pour cette création nouvelle, qui doit avoir un jour une si grande influence sur le bien-être des peuples, tout est prêt : plans, devis, terrains, statuts de Société, etc.

M. Albert Lenoir, architecte du gouvernement, doit avoir la direction des travaux ; M. Victor Calland, propriétaire à Beau-Site, près Jouarre (Seine-et-Marne), *fondateur de l'institution*, en est le gérant responsable.

Cent cinquante mille francs du capital social seront consacrés à la destination suivante :

50,000 fr. à l'ameublement des pièces communes; 50,000 fr. au fonds de roulement pour achat en gros de toutes les denrées et objets de consommation; et 50,000 fr. en capital de réserve, placé comme titre social en rentes sur l'État.

Distribution du Palais.

L'édifice du *Palais de l'Étoile*, posé sur un terrain de 7,000 mètres superficiels, au moins, disposé en jardins de plaisance, contient de nombreux salons de société, 160 appartements de maître, et un grand nombre de chambres pour les employés et les domestiques; de plus, des écuries et remises.

LES APPARTEMENTS DE SOCIÉTÉ, d'une étendue superficielle de 1,370 mètres, pour la plupart situés au rez-de-chaussée, comprennent :

1° Au centre de l'édifice, une vaste salle vitrée, éclairée au gaz, chauffée et ventilée, cubant 10,000 mètres environ ; cette salle servira à la fois de galerie de promenade, de concert et de spectacle : elle est le cœur de l'édifice;

2° Autour de cette galerie, au rez-de-chaussée, se trouvent un restaurant ayant 18 salles à manger différentes, un établissement de bains, une bibliothèque, un oratoire; des salons de société, de lecture, de jeux, de conseil; un buffet à l'instar de ceux des chemins de fer, café, billard, fumoir, etc.;

3° Enfin, des divans de repos, des belvédères et des galeries de circulation d'une étendue de 1,320 mètres lient entre eux, à tous les étages, les nombreux logements du Palais.

LES APPARTEMENTS PARTICULIERS, c'est-à-dire servant

d'habitation personnelle aux titulaires, au nombre de 160, sont entièrement distincts, de grandeur, de forme et de prix différents. Ils sont entourés de gros murs en pierre, avec planchers en fer haut et bas, et se divisent en :

42 grands appartements composés chacun d'une antichambre, de deux chambres à coucher, à feu, d'un grand cabinet de toilette avec garde-robe, et d'un joli salon de société à feu ; ils ont trois croisées sur le paysage et deux sur la galerie : le tout d'une superficie de 42 mètres 60 centimètres.

40 moyens appartements contenant chacun une antichambre, une chambre à coucher, à feu, avec alcôve et cabinet de toilette, joli salon à feu, avec vue sur le paysage et la galerie ; leur superficie est de 30 mètres.

44 petits appartements composés d'une antichambre, d'une chambre à coucher et salon, avec vue sur le paysage ; leur étendue est de 22 mètres superficiels.

24 appartements titulaires composés d'une seule chambre à coucher, ayant vue sur la galerie, avec antichambre, alcôve et cabinet de toilette, d'une superficie de 14 mètres 60 centimètres.

Des portes de communication, ménagées dans la muraille, permettent d'unir, si on le désire, plusieurs appartements en un seul.

Chaque appartement particulier est pourvu de fourneaux culinaires, de lavabos et de lieux d'aisances à l'anglaise, parfaitement organisés.

Prix des Appartements.

Le prix des 160 appartements du *Palais de l'Étoile* est fixé, ainsi qu'il suit, selon leur position par étage :

1° *Les grands appartements* sont de 12,000 à 16,000 francs; ce qui, en calcul moyen, fait 14,000 fr., représentant un intérêt de 700 fr. par an;

2° *Les moyens appartements* sont de 9,000 à 14,000 fr.; en moyenne, 11,500 fr., représentant un intérêt de 575 fr.;

3° *Les petits appartements* sont de 7,000 à 12,000 fr.; en moyenne, 9,500 fr., représentant un intérêt de 475 fr.;

4° *Les appartements titulaires* sont de 5,000 à 11,000 francs; en moyenne, 7,500 fr.; intérêt 375 fr.

Pour apprécier ces prix à leur juste valeur, en *capital*, et surtout comme *annuités*, comparées au taux des loyers ordinaires dans Paris, il est nécessaire de faire le calcul suivant :

1° Prendre comme base le prix moyen du taux des loyers des habitations bourgeoises dans la capitale, lequel est de 22 fr. 50 c. le mètre superficiel;

2° Déduire, du capital du titre de propriété individuelle, la valeur relative des appartements généraux, le prix de leur ameublement commun, le fonds de roulement et de réserve, ainsi que le vaste jardin, au milieu duquel doit être construit l'édifice du Palais ; ce qui diminuera de moitié environ le capital correspondant au prix de l'appartement;

3° Retrancher du capital l'intérêt ajouté aux annuités; attendu que le titulaire garde en main son titre de propriété, longtemps avant sa complète libération, et qu'il est juste que les capitalistes, qui ont avancé les fonds, reçoivent des bénéfices.

De ces divers calculs découlera comme conséquence cette vérité fondamentale : *que les annuités sont adéquates aux loyers ;* — avec cette différence que les dix annuités une fois payées dans le *Palais de Famille*, on est *propriétaire à jamais* de son appartement, tandis qu'après dix ans de loyers réguliers dans une même maison de la capitale, ou ailleurs, on ne *possède rien*.

En poussant ces calculs plus loin, et en prenant pour base une annuité ou un loyer de 1,000 francs, on arrive à cette conclusion mathématique : *qu'au bout de cinquante ans*, le titulaire des Palais de famille aura dépensé pour être logé, capital et intérêts compris, la somme de 32,250 fr. ; mais il lui reste une propriété immobilière de la valeur de 10,000 fr. au moins ; —tandis que le simple locataire dans les maisons de Paris aura déboursé pour être logé, capital et intérêts compris, la somme de 110,250 fr., ce qui représente une différence d'environ 90,000 fr. en capital ou 4,500 fr. de rentes, et il ne lui reste rien.

Droits des Copropriétaires.

Chaque titre de copropriété du *Palais de l'Étoile* donne droit :

1° A la propriété de l'appartement que l'on a choisi, que l'on peut changer à volonté, embellir à son gré, louer, vendre ou transmettre à ses héritiers ;

2° A la copropriété et à la jouissance libre et permanente de l'immeuble général du Palais, et conséquemment de tous les appartements de société qu'il contient avec leur mobilier, ainsi qu'au parc, au jardin et à toutes les dépendances qui l'entourent, telles que kiosques, belvéder, gymnase, écurie, remise, etc. ;

3° Au capital de réserve, placé sur l'État ; au fonds de roulement, dont le rapport sera considérable ; en un mot, à tous les revenus que la Société doit nécessairement se constituer par ses restaurants, buffet, café, billards, bains, etc. ;

4° Aux avantages gratuits et personnels de la domesticité, de l'éclairage et du chauffage des appartements généraux, sans avoir jamais rien à payer pour les impositions, réparations, entretien et assurances de l'immeuble indivis ;

5° A l'immense économie d'existence que l'administration trouvera dans l'achat en gros de toutes les denrées nécessaires à la vie, et qu'elle livrera aux sociétaires, toujours prêtes à être consommées, à un prix fort inférieur à celui de tous les établissements culinaires et mercantiles ;

6° Enfin chaque titre de propriété personnel et transmissible donne droit à une voix délibérative dans les assemblées générales, à l'élection annuelle des membres du Comité de direction, ainsi qu'à toutes les autres charges de la Société; fonctions honorifiques auxquelles les dames auront nécessairement le droit de prendre part en qualité de copropriétaires du Palais;

7° Aucun titre de propriété ne sera ajouté aux 160 titres constituant la Société intérieure du Palais de l'Étoile; — toutefois, un certain nombre de *petits hôtels isolés* seront établis sur une portion de terrain adjacente aux jardins du Palais, et ces hôtels jouiront de tous les avantages de la vie sociétaire.

Administration de la Société.

La Société se régit elle-même, directement, sans frais; personne ne la domine ni ne l'exploite. Maîtresse absolue de sa fortune, elle est représentée par un Comité administratif composé de neuf titulaires, nommé par tous les membres de la Société, à la majorité des voix, et renouvelé par quart tous les ans. Les fonctions de ce Comité sont gratuites. (*Voir les Statuts de la Société civile*, qui sont la charte intérieure et constitutive du Palais.)

Un *Économe* salarié est attaché au service actif de l'Administration. Il a sous ses ordres tous les employés secondaires, tels que Concierge, Maître d'hôtel, Chef de cuisine, Pâtissier, Garçons de table, Valets et Femmes de chambre, Commissionnaires, Jardiniers, Dames de comptoir, Caissiers; — lesquels doivent tous les jours lui rendre compte de l'emploi et des dépenses de leurs journées, afin qu'il puisse lui-même, tous les huit jours, présenter un compte régulier au Comité de direction, qui en exposera, tous les mois, le tableau général à l'assemblée des actionnaires.

L'inventaire de la situation active et passive de la Société sera fait tous les ans et arrêté par l'assemblée générale des actionnaires présents; tout actionnaire absent a le droit de s'y faire représenter par un autre actionnaire. D'ailleurs, l'inspection des livres concernant la comptabilité générale de la Société ne peut, sous aucun prétexte, être refusée aux actionnaires ou à leurs représentants légaux.

Organisation de la Vie matérielle.

Chacun des associés *meublera* son appartement selon son goût, l'*habitera* le temps qu'il lui plaira, hiver et été, *dépensera* pour sa nourriture la somme qu'il voudra; — *jouira*, enfin, de la plus grande liberté d'existence, de circulation et de conduite, — à la condition toutefois qu'il ne gênera pas la liberté des autres et ne blessera en rien la moralité publique; ce qui sera, d'ailleurs, l'objet d'un règlement d'ordre intérieur, prévu par les Statuts et sanctionné par le Comité d'administration.

Un vaste RESTAURANT, parfaitement organisé, sera dirigé et exploité par la Société elle-même, qui le fera tenir, avec toute la perfection de l'art culinaire, par des Agents salariés, intelligents et de bonne tenue. — Chacun y trouvera donc une nourriture saine, variée, abondante et excellente de goût : — 1° soit à des *tables d'hôte* servies à des heures et à des prix différents ;— 2° soit en se faisant servir particulièrement dans des *salles réservées* ou dans *son propre appartement;* — 3° soit, enfin, en s'approvisionnant à un *buffet* toujours bien garni, *espèce de marché*, où tout sera vendu à des prix réguliers, fixés par l'Administration du Palais.

De plus, un grand *Café*, avec diverses Salles de billard, Fumoirs, Belvédère, Kiosques, sera annexé au Restaurant. Il sera fondé aussi un Établissement de *Bains* chauffé constamment par le fourneau calorifère des Cuisines, ainsi qu'une *Glacière* pour le service des malades et la conservation des viandes, une *Hôtellerie* avec Écuries et Remises pour les parents et amis des Sociétaires. — Enfin, une *Salle d'asile* et un *Jardin gymnastique* pour les jeunes enfants, un grand *Salon de fêtes* pour les réunions générales compléteront l'ensemble de cette organisation.—Ajoutons que les Appartements généraux seront chauffés au *calorifère*, qu'un système de *télégraphie* reliera tous les appartements particuliers au centre de direction, et qu'en plus des nombreux escaliers, un *escalier mobile* transportera les personnes fatiguées et les choses pesantes à tous les étages.

Revenus de l'Association.

La Société du **Palais des Familles** opérant toute sa dépense dans son propre sein, ne faisant aucun crédit, achetant tout en gros, payant comptant, ne laissant rien perdre, disposant enfin de toutes choses avec intelligence, soit qu'elle afferme à bail ou qu'elle dirige elle-même ses Établissements auxiliaires, devra nécessairement se créer des revenus considérables, réguliers et faciles à percevoir, puisqu'elle sera, à l'égard d'elle-même, sans concurrence possible, et que le commerce de détail double toujours, ainsi que chacun le sait, les prix de consommation.

Dans le cas prévu où la Société voudra s'administrer elle-même sans intermédiaire, afin de rester plus libre de son action intérieure et obtenir de plus grands revenus, tous les objets de consommation du Buffet, du Restaurant, du Café, le Blanchissage et les Bains, en un mot, tout ce qui sera fourni par la Société, sera livré aux actionnaires **au prix de revient**, avec une augmentation de 10, 15 ou 20 0/0, selon les besoins de la Société.

Ce prélèvement de *vingt pour cent*, ainsi que les bénéfices de l'hôtellerie et les produits quelconques des immeubles sociaux, seront employés à couvrir les frais généraux de l'Association, tels que : assurance, contribution et entretien des immeubles indivis, éclairage et chauffage des salles communes, émoluments du gérant, de l'aumônier, du médecin, enfin gages des employés et des gens de service, etc.

Ces frais, qui s'élèveront à environ 80,000 fr. par an, d'après le budget établi, seront couverts par la retenue faite sur 500,000 fr. au moins de dépenses annuelles, lesquels, à *vingt pour cent*, donneront 100,000 fr. de revenus fixes : — capital qui sera nécessairement augmenté par les intérêts du fonds de réserve, par la location des ateliers, jardins, écuries et remises, par le fermage ou le produit des bains, billards, journaux, fêtes, etc.

Résumé des Avantages sociétaires.

La vie isolée est une source d'ennuis, le ménage individuel une cause de ruine, l'existence en communauté un esclavage; au contraire, l'association domestique est un bienfait : voilà les vérités qui servent de base à l'entreprise que nous annonçons, et sur laquelle nous ne cesserons d'appeler toute l'attention des hommes sérieux.

Par l'ensemble de l'organisation du Palais, chaque titulaire, en effet, jouira d'une vie réellement libre, confortable, exempte de soins, au milieu d'un mouvement régulier, d'une société tranquille et d'agréables distractions, pouvant rester, venir, ou voyager, sans emporter jamais avec lui aucune inquiétude.

Ainsi, moyennant une annuité qui ne dépasse guère le taux d'un loyer ordinaire, chaque sociétaire se trouvera, au bout de dix ans, affranchi de tout loyer et propriétaire de son appartement, qu'il pourra à son gré embellir, louer ou transmettre à ses héritiers.

De plus, un vaste restaurant, placé au centre de l'établissement et dirigé par d'habiles chefs de cuisine, lui fournira, au prix de revient, tous les aliments dont il a besoin; aliments choisis, variés et à la portée de toutes les bourses. — Chaque sociétaire peut se faire servir soit à table d'hôte, soit dans une pièce séparée, soit même dans son propre appartement, ou bien encore s'approvisionner lui-même, directement, dans un buffet américain, où tous les objets de consommation alimentaire lui seront offerts à prix modérés.

Assuré de la sorte contre les risques et les tracas du ménage, le propriétaire-actionnaire du Palais de famille réglera lui-même ses frais selon sa bourse et ses goûts, dépensant 1 fr., 5 fr. ou 20 fr. par jour, au gré de sa volonté; sûr de ne payer jamais plus que le prix de revient, avec une faible augmentation, dont la valeur sera constamment employée à son propre avantage et sous sa direction intelligente.

Indépendamment de cette réduction considérable sur les frais de logement et d'alimentation, tout titulaire du *Palais de famille* se trouvera encore entièrement dégrevé des dépenses onéreuses et des soins fatigants de la domesticité : le service des appartements étant exécuté par quarante fonctionnaires salariés de l'établissement.

Est-ce tout? Non. Chaque sociétaire a droit encore à la jouissance gratuite d'une foule d'autres avantages sociaux non moins précieux, tels que vastes salons de conversation et de jeux, cabinet de lecture, bibliothèque, immense galerie vitrée pour fêtes et promenade en toute saison, pharmacie, médecin, bains, chapelle, jardin, belvéder, etc., etc.

Ajoutons que la liberté, la spontanéité, ce besoin si impérieux dans un siècle où chacun aspire au complet développement de ses facultés soit physiques, soit morales, se trouvent ici respectées et garanties comme dans la vie ordinaire. Chacun, dans le *Palais de famille*, possède son *chez-soi*, parfaitement distinct, et y trouve les mêmes facilités d'isolement et les mêmes garanties d'indépendance que dans les conditions de la vie actuelle.

Maintenant, quelle comparaison établir entre cette nouvelle existence et celle d'autrefois, entre le rentier isolé et le rentier sociétaire ? Le premier s'est placé dans l'isolement, sous prétexte d'être plus libre et plus indépendant ; et jamais, au contraire, esclavage n'a été plus rude que le sien : il est sous la servitude de ses domestiques, qu'il doit surveiller et gronder sans cesse ; sa femme, malheureuse galérienne, est condamnée à perpétuité à faire ou diriger sa cuisine, et quelle cuisine ! Il habite un hôtel incommode, malpropre et souvent malsain. S'il veut de la société, il faut qu'il aille la chercher au loin et à grands frais ; si le temps est mauvais, il faut qu'il reste prisonnier dans son appartement, malgré son état de santé qui réclame de l'air et du mouvement ; s'il tombe malade et qu'il soit célibataire, il est forcé de se confier à des mercenaires qui le trompent, le volent, l'exploitent ; souvent même il demeure oublié, manquant des secours les plus urgents.

Au reste, comme dans cette entreprise tout doit être prouvé mathématiquement, voici des calculs qui ont été établis d'après les résultats que devait procurer aux copropriétaires l'établissement champêtre du palais Beau-Site. Sauf la différence des lieux et du prix des denrées, ces chiffres peuvent servir de base aux comptes d'un budget individuel dans le Palais de l'Étoile ; ils démontreront, par la comparaison que nous en faisons, l'énorme différence qui existe, sous le rapport économique, entre la vie isolée et l'existence sociétaire.

Ainsi, dans le Palais Beau-Site, la moyenne des actions étant de 6,000 fr., déduction faite du fonds de roulement et du capital de réserve, le prix moyen des loyers est de 270 fr., calculés à 4 1/2 0/0; ce qui fait par jour 74 centimes, *service de l'appartement compris*. Le rentier qui possède maison isolée, jardin et dépendances à la campagne, paie annuellement pour son loyer de 400 à 1,200 fr.; — la différence est donc comme économie positive de 75 0/0 par an sur le logement seulement.

Dans le Palais sociétaire et champêtre de Beau-Site, tous les objets de consommation étant achetés en gros, par adjudication, affranchis de tous les droits d'octroi, de mutation et des bénéfices nombreux des intermédiaires, se trouveront certainement réduits à plus de 40 0/0 au-dessous de la vente en détail, — qui, en général, on le sait, double à peu près la valeur première de tous les objets nécessaires à la vie; — d'où il suit que le ménage bourgeois, qui, dans l'état actuel de la civilisation, dépense par jour QUATRE francs environ pour sa subsistance, ne dépensera plus que 2 fr. 40 c. dans l'état d'association nouvelle, soit 876 fr. par an; et si à ces chiffres on ajoute, pour les frais généraux de la Société, 20 0/0, c'est-à-dire 175 fr. 20 c., on trouvera comme dépense annuelle du rentier sociétaire la somme totale de 1,051 fr. 20 c.

A ce budget si simple, opposons celui du rentier vivant dans l'isolement : — loyer de sa maison, 450 fr.; impositions et réparations, 75 fr.; chauffage de la salle à manger et charbon de cuisine, 100 fr.; éclairage, 50 fr.; dépense annuelle de la table, à 4 fr. par jour, 1,460 fr.; nourriture et gages d'un domestique, 550 fr.; intérêts de l'ameublement, usure, casse et vols, 100 fr.; lessive du linge de table et de cuisine, 50 fr.;

entretien du jardin, 40 fr.; visites de médecins et de société, 60 fr.; — total, 2,933 fr.

La différence entre la vie du Rentier sociétaire et celle du Rentier isolé ayant mêmes revenus, mêmes besoins, même consommation, est donc de 1,881 fr. c'est-à-dire : — *plus de 60 0/0 de diminution sur les dépenses matérielles de l'existence.* — Élevez on abaissez ces chiffres selon les temps, les lieux, les circonstances ou les volontés, et la proportion mathématique restera toujours la même. (Voir la note sur l'association alimentaire de Grenoble.)

Quant au parallèle qui peut être établi entre ces deux sortes d'existence, sous le rapport des *avantages moraux*, c'est-à-dire de société, de représentation, de fêtes, de soins, de luxe, d'agrément, d'instruction, d'absence de fatigue, de dignité intérieure, de force véritable et d'appui mutuels, la différence en est incalculable. — Aussi, pouvons-nous avec joie proclamer cette vérité consolante pour les petites fortunes : *avec 2 ou 3,000 fr. consacrés à son existence, toute personne, dans le* Palais de famille, *obtiendra la même somme de bien-être matériel et de jouissances sociales qu'avec 10 ou 20,000 livres de rentes, dépensées dans l'isolement d'un riche appartement en ville, ou d'un château à la campagne.*

Spéculation financière.

L'idée des Palais de famille est une belle entreprise, bien conçue et très-réalisable... Mais sera-t-elle fructueuse pour ses fondateurs? — Voilà ce que demandent les gens habiles.

A cette question positive, voici la réponse :

La foi, le dévouement, la charité, ne sont plus de

notre temps : les mathématiques sont la seule règle, et l'argent l'unique résultat de toutes choses. — Cela est triste à dire, mais cela est ainsi. — La société opulente vit au jour le jour et croit à peine au lendemain ; de là cette avidité fébrile qui ronge un certain monde, cette frénésie déplorable des jeux de bourse, qui avilit toutes les âmes et tient en arrêt les plus nobles entreprises.

Dans un temps semblable, une institution nouvelle ne peut donc se produire qu'à la condition de ne demander à personne aucun sacrifice, de se soutenir par sa seule force, d'être éminemment utile à ceux à qui elle s'adresse, et de plus, d'être fort lucrative pour ses promoteurs.

Ces rigoureuses conditions, qui ne peuvent être observées que par une science sûre d'elle-même, ont servi de règle fondamentale à la *spéculation financière* des Palais de famille, dont les résultats ne sont pas moins merveilleux que ses combinaisons économiques, ainsi que les chiffres peuvent au besoin le prouver aux plus incrédules.

Cette vaste entreprise, ayant un but spécial : — celui de créer de nouveaux centres d'habitation, lesquels, au sein des campagnes surtout, devront un jour former de nouveaux villages ; de relier aux chemins de fer ces nouvelles communes ; de les fixer sur de vastes domaines, préparés par des routes, des canaux et des reboisements ; d'acheter toujours en grand et de revendre en détail ; de construire d'ensemble pour céder par portions ; de ne bâtir qu'après le placement des titres individuels ; de relier tous les acquéreurs par leur intérêt propre ; de n'opérer enfin qu'après s'être assuré toutes les chances de réussite ; — cette institution, considérée uniquement comme entreprise industrielle, nous ne craignons pas de le dire, est aussi certaine dans ses résultats et plus sûre de l'avenir que les chemins de fer eux-mêmes, sujets à concurrence, et auxquels le fer et le charbon manqueront un jour peut-être; tandis que le bois, la pierre et l'indépendance ne manqueront jamais aux Palais de famille.

Et combien de Palais à construire !... L'ouvrier des villes, le travailleur des champs ne sont pas logés; les faubourgs des capitales sont des foyers d'infection, et les villages agricoles, des centres de barbarie; toute la France, l'Europe entière est à reconstruire d'après une nouvelle science architectonique, plus humaine et plus savante. — Aux hameaux, des cités nouvelles doivent donc succéder, comme aux charrettes ont succédé les wagons traînés par les locomotives; — même besoin pour le public, même possibilité de réalisation, même économie de résultat, même grandeur d'entreprise, mêmes bénéfices de spéculation.

Nous n'exagérons rien ; les faits parlent assez d'eux-mêmes : le monde souffre, les désirs s'accroissent, les événements s'accumulent, tout se transforme et s'élance vers un avenir nouveau; il faut se hâter d'agir, car le siècle impatient s'attend à des prodiges !...

Propriétaires du sol, capitalistes, spéculateurs, c'est à vous que cet écrit s'adresse, autant qu'aux locataires et aux consommateurs ! Entendrez-vous enfin cette voix de la science, cette voix profonde de l'avenir? La crainte ne l'égare pas ; un seul sentiment l'anime, celui de la vérité pratique, réalisable immédiatement et applicable à tous. Cette science, vous ne pouvez, sans inconséquence, la méconnaître et la repousser sans danger.

Souscription pour l'édification du Palais de l'Étoile.

Quelle somme est nécessaire pour fonder le premier Palais de famille dans la capitale, selon les plans élaborés par MM. Victor Calland et Albert Lenoir ? — *un million de francs.* — Avec cette somme l'opération est certaine, et sous le rapport financier tout est garanti.

On peut, de trois manières différentes, concourir à cette fondation : 1° comme prêteurs ; 2° comme commanditaires ; 3° comme acquéreurs d'appartements.

Aux prêteurs, la Société fondatrice offre la garantie hypothécaire des immeubles, dans laquelle ils sont subrogés avant tout autre privilége ; l'intérêt légal du capital versé ; le remboursement à délai très-court, et une prime comme fondateurs ;

Aux commanditaires, la Compagnie offre un placement plus large encore et non moins solide, puisque, d'un côté, la représentation immobilière de leurs capitaux et la faculté de transformer leurs actions en titres d'appartements les préservent de tous risques de perte, et que, de l'autre, la revente en détail de l'immeuble du Palais et la plus-value des terrains qui l'environnent, constituent des bénéfices considérables, qu'augmente encore le renouvellement rapide du capital social, lequel n'est plus alors qu'un fonds de roulement ou d'appoint.

Un cinquième de la souscription est versé comptant, les autres cinquièmes suivant les besoins de l'entreprise ; — avant toute répartition de dividendes, il est servi aux commanditaires 5 0/0 d'intérêts de leur capital ; 50 0/0 sur les bénéfices nets leur appartiennent.

Enfin, *aux titulaires* ou acquéreurs d'appartements, la *Société fondatrice* délivre des titres de propriété, payables soit au comptant, soit en cinq ou dix annuités. Ces titres les rendent copropriétaires et sociétaires du *Palais de Famille*, avec les nombreux avantages que nous avons énumérés. Une prime est accordée aux cinquante premiers titulaires qui libèrent leurs titres en souscrivant.

Le projet de fondation du *Palais Beau-Site* n'étant point annulé, la souscription est également ouverte pour l'édification prochaine de ce délicieux palais champêtre, dont les titres de propriété d'appartements sont *moitié moins élevés en prix* que ceux du Palais de l'Étoile, à cause du changement de lieu et du prix des matériaux, bien que tout y soit à peu près semblable quant au nombre, à la forme et aux dispositions intérieures.

Dès que l'une ou l'autre de ces deux souscriptions sera complète, il sera formé, auprès du gouvernement, une demande régulière dans le but de faire constituer la Compagnie des Palais de famille en *Société anonyme.*

Capital de fondation.

La conception des Palais de famille ne périra certainement pas, quels que soient les événements qui s'accomplissent : car tout pousse et conduit à sa réalisation prochaine; néanmoins, comme toute idée nouvelle, elle a sa place à conquérir dans l'ordre du mouvement général.

Jusqu'à présent les dépenses nécessitées pour cette création ont été soutenues par la fortune personnelle du fondateur, qui a sacrifié à l'élaboration de cette œuvre des sommes importantes.

Dans le but de subvenir à ces dépenses obligatoires et continuelles, les statuts ont autorisé la souscription d'un capital préliminaire, dit *de fondation*, en attendant la réalisation intégrale du capital social, d'où résultera la constitution définitive de la Société.

Comme il est d'usage dans toutes les compagnies, on a jugé convenable d'accorder des priviléges particuliers à ces premiers intéressés, dont le mérite est d'ailleurs évident.

Leurs avantages légaux sont ainsi définis dans les statuts de la *Société en commandite*, base financière de l'opération :

ART. 24.

Chaque versement de cinq cents francs sur le *capital de fondation* donne droit :

1° A une action de cinq cents francs représentant la susdite somme versée ;

2° A une action libérée de cinq cents francs, à titre de rémunération pour les chances courues avant la constitution définitive de la Société;

3° A cinq actions de la Compagnie, à prendre au pair, facultativement et par préférence, lors des émissions successives, quelle que soit, d'ailleurs, la prime qu'auraient obtenue les susdits titres.

Outr les prérogatives morales que donne, dans une administration, le titre de fondateur, il est facile de comprendre le bénéfice positif qui résulte de cette disposition.

Les actionnaires fondateurs ont d'abord en actions *le double* de leur mise de fonds. Or, les actions des

PALAIS DE FAMILLE ne sont pas des valeurs aléatoires, puisqu'elles peuvent, au gré du porteur, être transformées en titres de propriété d'appartement.

L'opération des Palais de famille, nous l'avons dit, a la grandeur et, un jour, aura l'importance de celle des chemins de fer ; cette considération explique l'avantage attribué au droit de fondateur, de pouvoir prendre, *au pair, cinq fois sa mise en actions*. Personne, en effet, n'ignore la valeur que donnent au capital nominal des actions les bénéfices élevés et réguliers d'une entreprise.

Que les personnes qui ont foi en l'œuvre des Palais s'engagent donc avec sécurité dans l'entreprise, *en souscrivant au capital de fondation* ; — car ce fonds doit donner à l'œuvre non-seulement ce qu'il lui importe le plus d'obtenir en ce moment : *la publicité*, et *le temps* ; — mais étant fort restreint, sa souscription sera extrêmement avantageuse à ceux qui en posséderont les titres réservés, et bientôt sans doute la liste en sera close.

Si le capital commanditaire avait été intégralement souscrit, — sans une grande publicité il ne peut l'être, — *dix Palais de famille auraient déjà été construits et vendus* ;... tant le nombre des demandes de propriété et de mise en possession d'appartements a été nombreux de la part de toutes les classes de la population, et surtout des *classes riches*.

Les plans, devis et statuts de société des Palais de famille sont communiqués aux souscripteurs qui désirent en prendre connaissance, au siége provisoire de l'administration, 15, rue Trévise, à Paris.

APPEL AU GOUVERNEMENT.

La puissance que le Gouvernement possède entre les mains est immense ; pour agir, rien ne lui manque : aussi chaque idée nouvelle tourne-t-elle avec confiance ses regards vers lui.

Néanmoins, ce n'est point au nom de l'idée régénératrice des Palais de famille que nous allons parler ici ; mais au nom des classes déshéritées de la fortune, et par là incapables de s'affranchir de la misère, si une main toute-puissante et généreuse ne leur est tendue.

Nous dirons donc au Pouvoir : « Vous êtes le tuteur » naturel des classes souffrantes; devant une si noble » mission vous ne reculez pas ; pour l'accomplir, au » contraire, vous avez, par un *décret*, consacré une » somme de dix millions de francs à l'assainissement » et l'amélioration de logements d'ouvriers ; cette » pensée reçut même un commencement d'exécution » à Paris, à Mulhouse et à Marseille.

» Là était le germe d'un progrès incontestable pour » le bien-être populaire ; mais la réalisation a-t-elle » répondu à la pensée du décret ? L'expérience est là » qui démontre le contraire. Le projet des Cités ouvriè» res n'a été qu'un désir bienveillant, mais vague, » sans charité réelle et sans science économique ; de là » sa nullité éclatante.

» Le problème du bien-être populaire, nous pouvons » le résoudre au moyen de l'application des Palais de » famille aux classes laborieuses. Par le simple paie» ment de son loyer, chaque ménage, dans ce système, » deviendra avec le temps propriétaire de son appar» tement et copropriétaire d'un magnifique immeuble

» social, au sein duquel il trouvera la vie organisée à » son usage, avec marché, restaurant, buffet, établis- » sement de bains, lavoirs, séchoirs, crèches, salles » d'asile, infirmerie, pharmacie et visites de médecin » gratuites ; de plus, un bien non moins précieux : une » diminution constante d'un tiers au moins sur tous » les frais de la vie.

» En vingt annuités correspondantes au taux ordi- » naire de son loyer, l'ouvrier laborieux pourra rem- » bourser intégralement son titre de propriété et laisser » ainsi à sa famille une petite fortune, parfaitement » assise, fruit de ses épargnes journalières.

» Mais les capitaux sont timides et n'oseraient, sans » l'appui du Gouvernement, se hasarder dans une si » longue entreprise ; *que le Gouvernement accorde donc* » *son appui moral à cette institution :* à l'instant elle » vivra et manifestera au grand jour tout ce qu'elle » renferme d'excellence pour le bien-être de l'individu » et l'ordre social.

» Un moyen plus rapide encore existe : ce qui a été » fait pour les chemins de fer à leur début, qu'on le » fasse pour les Palais de famille à leur origine ; *que* » *le Gouvernement en commandite seulement la créa-* » *tion première*, le spécimen, le type régulièrement » appliqué aux besoins des classes laborieuses. Cet » argent, comme celui qui a été si généreusement » affecté aux constructions des Cités ouvrières, ne sera » pas perdu ; mais il sera rendu intégralement à l'État » par les sociétaires, capital et intérêts compris ; car » nos calculs sont exacts : en vingt ans les habitants » du premier Palais de famille seront libérés de toute » dette, affranchis de tous loyers et propriétaires à » jamais de leur appartement, avec tous les immenses

» avantages de sociabilité et de confort qui y sont at-
» tachés.

» Par un système de construction et de vente de » petites maisons, payables au moyen d'annuités cal- » culées sur les besoins, les ressources et les habitudes » de la population de Londres, de riches et nom- » breuses Compagnies anglaises (*the freehold land » and building Societies*) ont doublé depuis vingt ans » l'étendue de cette grande métropole ; — un million » prêté par le Gouvernement à la Société fondatrice » des Palais de famille peut déterminer en France une » révolution plus vaste, plus complète et beaucoup » plus favorable à l'essor de la civilisation, qui partout » tend à l'unité. Ce million, nous le demandons, ap- » puyé sur les plus solides garanties immobilières, » et en vue uniquement du bien-être des masses. »

La France, d'ailleurs, qu'on le sache, n'est pas le seul pays où l'on se préoccupe avec raison des difficultés toujours croissantes de l'existence matérielle : une Société philanthropique, appuyée par la ville de Genève, se propose de faire une application du système des Palais de famille à la classe ouvrière ; la capitale de France, au sein de laquelle l'idée s'est fait connaître d'abord, verra-t-elle avec indifférence l'étranger la devancer dans la réalisation d'une entreprise si populaire?... cela n'est pas probable.

Nous espérons, au contraire, que cet appel sera entendu par les hommes supérieurs qui dirigent la société et qui veulent sérieusement sauver le monde de l'abîme qui chaque jour se creuse plus profondément sous ses pas.

JUGEMENT DES JOURNAUX.

« LA VIE A BON MARCHÉ, » telle est la devise et tel est le but de MM. Victor Calland et Albert Lenoir.

Leur moyen est dans la *Réforme architectonique*, réforme qui sera réalisée par la création de ce qu'ils appellent très-justement les PALAIS DE FAMILLE.

L'emploi de ce mot, en apparence ambitieux, est justifié par les dimensions et les proportions monumentales de l'édifice, par le bon goût de sa simple ornementation, le nombre, la commodité et l'élégance des appartements privés et des appartements de réception qu'il contient; par l'existence même de ces derniers, ce qui suppose en effet un genre de vie très-supérieur à celui de la moyenne bourgeoisie; par les proportions des vestibules, des escaliers, des galeries; par les vivifiants volumes d'air auxquels il donne accès, les flots de lumière dorée qui le visitent; par la jouissance d'une domesticité nombreuse, par celle de salons de conversation et de lecture, de bibliothèque, de billards, etc.; par l'usage d'une table abondamment couverte de mets sains, variés, agréables au goût; enfin, par la large satisfaction qu'y reçoivent tous les besoins d'une existence libre, exempte des préoccupations accablantes et des fatigues de la vie de ménage; — cependant accessible à tout le monde sans exception, aux salariés, comme aux bourgeois, à destination d'homme enfin.

Et s'il en était autrement, ferions-nous à ce projet, à ces plans, à cette grande révolution déjà commencée, l'accueil empressé, enthousiaste, reconnaissant, auquel ont droit les innovations devant concourir au bien-être, à l'instruction, à la liberté universelle? Nous ferions pour ces palais ce que nous avons fait naguère pour ces cabines d'oncles Tom blancs qu'on propose d'élever en des quartiers *ad hoc* (souvenir moyen âge), à l'usage exclusif de la classe ouvrière (cette classe si digne, etc.), que l'on suppose, par conséquent, devoir demeurer, aussi longtemps que ces maisons dureront, dans l'état où elle est aujourd'hui : étrangère à la vie intellectuelle, exclue de toutes les jouissances sociales, appendice des machines, condamnée à l'insuffisance des salaires, et que Dieu a, par erreur, dotée de facultés parfaitement inutiles à la fonction qu'elle remplit.

Or, étant pour la science, nous sommes naturellement contre les castes...

Devant la science et devant l'avenir, ce qui est la même chose, il n'y a pas de classes, il n'y a que des hommes. La science n'a créé ni l'imprimerie, ni la machine à vapeur, ni le chemin de fer, ni la télégraphie électrique, ni la photographie, ni la galvanoplastie, ni aucune des divines choses qu'on lui doit, pour telle ou telle classe d'hommes, mais pour tout le genre humain : la réforme architectonique doit se produire avec le même caractère d'universalité ; elle doit, comme les inventions auxquelles je la compare, procurer à tout le monde des avantages supérieurs à ceux dont ne jouissent aujourd'hui que quelques-uns.

De toutes les conséquences qu'entraînera la réforme architectonique, la vie à bon marché est sans doute celle qui sera aujourd'hui la mieux appréciée. On peut dire de celle-là que le besoin s'en fait généralement sentir, sans que cette phrase de prospectus soulève aucune réclamation ; j'en atteste ceux qui, après s'être donné une bonne fois, comme tout le monde, la peine de naître, se donnent chaque jour la peine de vivre ; ce sont les gros bataillons.

Le prix des objets de consommation les plus indispensables croît d'une façon si inquiétante, qu'on voit une multitude de braves gens chercher de bonne foi les moyens de s'en passer ; ceux-ci inventent un vin fait sans raisin, ceux-là un pain sans froment, d'autres suppléent à l'absence de viande fraîche. Nous ressemblons assez à des naufragés sur un radeau, tendant leurs chemises à la pluie, à des voyageurs égarés dans un désert et tâchant de se nourrir de semelles de bottes.

Cependant nous sommes sur une terre fertile, entourés d'inépuisables ressources, mais dont nous n'avons su tirer jusqu'ici qu'un trop faible parti, quand nous ne les avons pas complétement gaspillées : de là le mal. Le mal dont nous souffrons n'est pas dans la nature, il vient de nous. Nous avons fait fausse route, et nous ne pouvons plus être sauvés que par le génie de l'innovation, par la science, par la découverte et la pratique de moyens susceptibles d'accroître, directement ou indirectement, dans de grandes proportions, toutes nos forces productives.

La réforme architectonique proposée par MM. Victor Calland et Albert Lenoir, et qui va être réalisée par eux, est un de ces moyens de salut.

Ni Watt, se présentant avec ce moteur universel, *la machine à vapeur* dont il a doté le genre humain ; ni Papin, ni Jouffroy, ni Dallery, ni Fulton avec *le bateau à vapeur* ; ni Stephenson et Seguin avec *le chemin de fer* ; ni MM. Morse et Wheastone avec *le télégraphe électrique* ; ni M. Pierre Leroux, ni l'école sanitaire anglaise, M. Ward en tête, ni M. Kennedy, posant les principes de la réforme agricole et hygiénique, et la réalisant ; ni MM. Barrat frères, résolvant par l'invention de la *piocheuse* le problème du labour à la vapeur ; ni l'inventeur du *drainage*, ni celui des *irrigations*, ni celui des *amendements*, si le drainage, l'irrigation, l'amendement avaient des inventeurs connus ; ni les auteurs pris tous ensemble de ces admirables machines qui se pressent dans les diverses branches du travail agricole et industriel ; ni les botanistes et les zoologues refaisant notre flore et notre faune ; enfin aucun de ceux qui ont concouru le plus efficacement à cette œuvre de reconstruction sociale, qui fait le caractère propre du dix-neuvième siècle, n'a réalisé de plus grandes choses et ne mérite plus de reconnaissance que les ingénieurs qui auront réalisé par la *réforme architectonique* la réforme de la vie domestique,

C'est ce qu'entreprennent avec toutes les chances de succès MM. Victor Calland et Albert Lenoir ; l'un publiciste de talent, l'autre architecte en renom, ayant tous deux l'amour et l'intelligence du progrès. Ils ont su faire de cette réforme une belle opération financière, et c'est sur les propriétés de l'un d'eux que le premier spécimen de l'architecture nouvelle, scientifique et sociale, va être édifié et expérimenté.

Nous exposerons leurs plans, nous dirons ce que doit être, ce que sera le PALAIS DE FAMILLE ; car nous voulons faire de cette grande réforme une étude approfondie. Ce premier article n'a donc qu'un but, appeler sur les articles qui suivront la plus sérieuse attention du lecteur. (*Presse* du 26 octobre 1854.)

L'espace ne nous permet pas de reproduire ici les appréciations bienveillantes qui ont paru sur l'institution des Palais de famille, dans un grand nombre d'autres journaux, tels que : l'*Illustration*, en octobre et novembre 1854; le *Courrier des entrepreneurs* et l'*Annuaire de la propriété*, en décembre ; le *Siècle* du 28 janvier 1855, et enfin le *Messager de Genève* le 18 avril dernier ; — toutefois, nous croyons en avoir dit assez, pour que les gens de cœur et les hommes d'intelligence comprennent qu'ils ne peuvent rester indifférents, en présence d'une œuvre si grande, et d'un si puissant intérêt social.

ÉTAT DE L'ALIMENTATION PUBLIQUE.

La vie isolée, qui est sans lumière, sans contrôle et sans force contre le mal, permet au commerce toute espèce de fraudes sur les substances alimentaires ; ce qui certainement ne pourra subsister dans les Palais de famille.

Ainsi, à la belle et pure farine de froment, dit M. Payen, la falsification ne craint pas de mélanger des fécules de pommes de terre, de féveroles et même de la terre de baryte pulvérisée, qu'elle tire en immense quantité des montagnes d'Auvergne; elle fait lever la pâte du pain et des gâteaux avec du sulfate de cuivre ou du carbonate de potasse; elle fabrique des vins de toute espèce avec de l'eau de puits, du bois de Campêche ou de la crème de tartre; du vinaigre, avec de l'eau simple et de l'acide sulfurique; le sel est mélangé avec du sulfate de soude ; le lait, le thé, le café, le chocolat, la chicorée n'ont souvent d'autres qualités nutritives que les noms qu'ils portent ; le beurre commun est un dégoûtant mélange de fécule, de lait durci et de suif de veau, colorés avec un peu de safran ; il n'est pas jusqu'aux médicaments qui ne soient sophistiqués par une criminelle industrie... Faut-il s'étonner alors, si le quart de la population indigente de Paris va mourir à l'hôpital; si d'après la statistique annuelle des réformes militaires, il est constaté qu'un tiers de la population virile de la France est infirme ou maladive ; faut-il s'étonner enfin si cette masse souffrante s'agite sans cesse, comme un malade dans son lit, et appelle de tous ses vœux un avenir meilleur.

NOTE SUR L'ASSOCIATION ALIMENTAIRE DE GRENOBLE.

Une simple mais féconde association alimentaire existe à Grenoble; elle a été instituée en 1850, sous le patronage de la municipalité. En voici à la fois les bases et les résultats pratiques :

Fondée primitivement au moyen d'une émission de 1500 actions de 5 fr., qui ont été remboursées au pair au bout d'un an, cette association se compose de deux classes d'associés : la première consommant aux réfectoires, et la seconde emportant à domicile.

Toute personne qui le désire acquiert le titre de sociétaire par l'achat d'une simple carte, qui, pour la première classe, coûte 1 fr., et pour la seconde, 0 fr. 25 c.

Sur présentation de cette carte, l'administration délivre des jetons que l'on achète et avec lesquels se soldent les rations d'aliments. Il y a six espèces de jetons représentant des rations composées et tarifées comme suit : — Soupe (1 litre), 10 c. ; — viande (130 grammes) ou poisson (200 grammes), 20 c. ; — légumes (une bonne assiette), 10 c. ; — vin (1/4 litre), 5 c. ; — pain (132 grammes), 10 c. ; — dessert, 07 c. 1/2.

Voici en général la composition de la nourriture quotidienne d'un ouvrier : le matin : soupe et vin, 17 c. 1/2 ; — à midi : viande, légumes, pain et vin, 42 c. 1/2 ; — le soir : soupe et vin, 17 c. 1/2. — Ensemble par jour, 0 fr. 77 c. 1/2.

Les femmes se nourrissent, dit-on, très-convenablement pour 40 à 50 c. par jour.

La ville de Grenoble fait servir par cet établissement le personnel de son école professionnelle aux conditions suivantes : pour un élève, par jour, 80 c. ; — professeur, 1 fr. 25 c. ; — domestique, 1 fr. 10 c. ; — lingère, 1 fr.

Le nombre des rations prises au guichet s'est élevé, en 1851, à 882,252; — en 1852, à 947,275 ; — en 1854, à 1,152,203.

M. de Noiron, riche propriétaire dans le Soissonnais, élabore en ce moment une *histoire complète des associations et corporations ouvrières depuis les temps les plus reculés jusqu'à nos jours* ; c'est de lui que nous tenons le document ci-dessus ; — lequel montre, par une application pratique de l'association à l'alimentation journalière des petits ménages, les résultats magnifiques et certains des Palais de famille appliqués aux besoins de toutes les classes de la société.

IMPRIMERIE CENTRALE DE NAPOLÉON CHAIX ET Ce, RUE BERGÈRE, 20.

VUE PERSPECTIVE DU PALAIS BEAU-SITE.

www.ingramcontent.com/pod-product-compliance
Ingram Content Group UK Ltd.
Pitfield, Milton Keynes, MK11 3LW, UK
UKHW021001220726
13924UKWH00002B/820